Domingo A. Montes G.

EL SENTIDO DE LA VIDA
En Castellano

Arianne Mc´min & J. Colin

Tabla de Contenido

Titulo original: The Meaning of Life

Autores del original en inglés: Arianne Mc´min & J. Colin

Reeditado y traducido al Castellano con expresa autorización de los autores, por: Domingo Alberto Montes Granado.

Diseño de portada eBook: Domingo A. Montes G.

ISBN del eBook:9781005250270

1ra edición mayo 2000, EES SHInTao

2ra edición revisada, Marzo 2005, EES SHInTao

V1.28 23 de Agosto de 2007

Reedición V1.3G Agosto de 2019

Reedición 26/10/2022

Reedición 06/2024

Última edición revisada 12/2024

¿Te gustaría encontrar tu verdadero propósito, el sentido de la vida? Nunca más necesitarás sentirte deprimido, frustrado, insatisfecho, infeliz, confundido, estresado o desamparado...

Definitivamente puedes descubrir **Paz, felicidad y sabiduría** auténticas y perdurables.

En este libro está la información que TÚ necesitas.

El Problema

Parece que el mayor problema en la vida de muchas personas es un profundo sentido de frustración y desesperanza. En la sociedad occidental, casi todos parecen sufrir de esto en alguna medida. Algunos lo experimentan con frecuencia, otros solo ocasionalmente. Aquellos que no parecen experimentarlo en absoluto, con frecuencia lo están embotellando, rehusándose a aceptar sus sentimientos más profundos. La raíz causal de toda esta depresión es que nuestras vidas parecen carecer de un auténtico propósito. Tenemos un profundo conocimiento interior de que hay más en a la vida, de lo que la mayoría de nosotros está experimentando.

Pero, el Místico y Elusivo Sentido de la Vida se percibe como un concepto muy distante. Nos sentimos totalmente sin esperanzas de encontrarlo. Es más, vivimos nuestras vidas con aquella vaga pero muy real y persistente sensación de descontento.

Tratamos de cubrirlo con sueños de éxito material, pero en lo más profundo sabemos que ningún nivel de logro de este tipo puede brindarnos una felicidad perdurable. Observamos a los ricos y famosos, los sanos y exitosos, y vemos que la mayoría de ellos nunca están satisfechos. Pero tratamos de engañarnos a nosotros mismos *–Si Yo fuera ellos, sería diferente; sería totalmente feliz-*.

Incluso las personas que parecen ver más allá de sí mismas, quienes viven sencillamente y por lo general son felices y disfrutan la vida, aún suelen tener el mismo sentimiento interior de vacío.

Con frecuencia nos rodeamos con tantos lujos como nos podemos permitir, para distraernos de nuestro vacío interno. Sin embargo, cada vez que obtenemos algo nuevo, la satisfacción sentida es solo temporal, y trasladamos nuestra esperanza de felicidad a algún evento futuro. Y también somos conscientes que cuando morimos, no nos llevamos estos lujos con nosotros.

Todos esos años de duro trabajo, de constantes interminables días llenos de ansiedad y estrés, de suerte que podrías eventualmente manejar un lindo carro, vivir en una linda casa, tener un lindo TV, etc. Por supuesto, solo podrás apreciar estas cosas en la pequeña cantidad de tiempo luego del trabajo, y desde luego, no durante enfermedades, entre momentos de dolor por perdidas personales, relaciones, dificultades financieras, perdida de seres queridos, y todo el resto de la interminable cadena de eventos perturbadores y experiencias traumáticas en nuestras vidas...

Entonces, - la hora de tu propia muerte arriba- ¿Acaso los pocos momentos faustos, ameritaban toda una vida de penurias?

La vida no tiene que ser así; existe una solución. Si realmente estas dispuesto a hacer el esfuerzo de entender y actuar según los principios que este libro propone, entonces una forma totalmente renovada de vivir la vida está aguardando por ti: una vida de verdadero éxito, genuina satisfacción y auténtica libertad. O puedes continuar viviendo en la desesperanza, la depresión, la ansiedad, la duda, el descontento, el sufrimiento y el vacío.

La decisión es Tuya.

Cuanto antes te dediques a este proceso, más pronto encontrarás autentica felicidad y satisfacción duraderas, así como el auténtico propósito de tu vida.

La Solución

*Ahora discutiremos una de las ideas más importantes que jamás hayas podido comprender. Desde la niñez, estamos condicionados a creer que necesitamos estar constantemente *consiguiendo* "cosas" para ser felices. De esta forma, la necesidad de conseguir, es transformada en una interminable lista de planes futuros y sueños. Todos estos planes y sueños son maneras de poner la esperanza de satisfacción en algún evento futuro. Eventualmente, tendrás que aceptar que esta es una falsa esperanza, ya que los eventos externos *nunca* brindan una satisfacción interna perdurable.

Así, obviamente, la única vía de alcanzar una autentica satisfacción interior es *no necesitar* nada externo para estar contento. Y si no necesitas nada *externo*, entonces obviamente ya debes tener exactamente lo que necesitas: una mente capaz de elegir la satisfacción. Entonces ¿Por qué esperar más? Escoge AHORA. Quizás encuentres que necesitas mantenerte recordándote a ti mismo que la satisfacción esta accesible para Ti, AHORA mismo. *Recuerda este simple hecho frecuentemente* para implantarlo firmemente en tu mente.

Definitivamente trabajará para Ti solo recuerda esto:

Yo **PUEDO** estar satisfecho con mi situación AHORA mismo.

Ahora que sabes que la satisfacción es *solo interna* y no relativa a nada externo, la vida se torna SENCILLA. Para mantener tu nueva satisfacción, debes parar de *afanarte* por metas externas para ser feliz. Esto no significa que la vida se torne aburrida y que no puedas disfrutar de lujos y placeres. Significa que, si el placer no está inmediatamente disponible, permaneces totalmente satisfecho. Vivir sin necesidad de planes y sueños es vivir simplemente en el presente – estando satisfecho con lo que sea que tienes *Ahora*.

Puedes mirar hacia algún evento futuro, siempre y cuando realices que tal evento no te satisfará más de lo que ya estás. Por ejemplo, podrías esperar hacia un fin de semana bien merecido, un carro nuevo, etc., pero permaneces consciente de que esto *NO añadirá* nada a tu satisfacción interior.

Quizás el evento planteado nunca suceda, o tal vez no sea tan placentero como habías planeado. Y si *eventualmente* ocurre, y *es* realmente placentero, entonces el disfrute seguirá siendo solo una experiencia efímera y temporal; entonces comenzarás a preocuparte sobre su fin, y la vida se vuelve aburrida nuevamente. Pero no habría pérdida de la felicidad si, tan solo siempre lo hubieras visto como un evento, no un deseo por alguna experiencia futura que mejoraría tu vida.

Al vivir en un constante estado de satisfacción, tu disfrute de las cosas simples de todos los días crecerá profundamente. No es necesario apartarte de tus placeres favoritos, pero la vida se torna más fácil cuando cortas la complacencia en continuas actividades para gratificar los sentidos. Comer sencillamente, entretenimiento sencillo, un simple confort, brindan las mayores recompensas internas. Si sientes que estás listo para beneficiarte de estas practicas, muévete hacia ellos gradualmente, de tal forma que no sufras síntomas de abandono y termines de nuevo en la necesidad de la gratificación de los sentidos.

La felicidad tiene mucho en común con la satisfacción. No puedes ser genuinamente feliz *con algo*; solo puedes ser verdaderamente feliz. No debe haber apego a ningún objeto, pues tan pronto como enlazas un objeto a la felicidad, esta se vuelve efímera. Ya sea que seas feliz con una persona, una posesión, un logro, o cualquier otra cosa, puedes estar seguro que, en algún momento en el futuro, sus cualidades inductoras de felicidad *disminuirán* y buscarás un reemplazo.

Solo deteniendo la búsqueda de una fuente externa de felicidad, descubrirás el auténtico y siempre disponible origen contentivo de la felicidad. Cuando puedas mantener esta conexión con la felicidad constantemente, tu vida automáticamente transformará en gozo. Haz un hábito el ser feliz; no es tan difícil como suena.

—oOo—

Hay una historia referente a un hombre que le hablaba a su amigo ciego. Estaban repitiendo una conversación que tenían frecuentemente.

El ciego dijo:

-Siempre estás hablando de esa cosa llamada luz, pero yo no lo entiendo. ¿Puedes darme alguna luz para que pueda tocarla?

Su amigo respondió:

-OH NO, no puedes tocar la luz.

   -OH, bien entonces la probaré. - dijo el ciego.

   -No, no, ¡no puedes probar la luz!

   -Muy bien entonces, la escucharé.

   -Me temo que tampoco puedas hacer eso.

   -Y supongo que ¿tampoco puedo olerla?

   -Es correcto.

   -Si no puedes probarme su existencia, ¡me rehusó a creerlo!

   -He escuchado que hay un sabio visitando nuestro pueblo, vayamos y visitémoslo, quizás él te pueda ayudar a entender...

Así que fueron. Inmediatamente después de escuchar el problema, el sabio dijo:

-Este hombre *jamás* será capaz de entender la luz en su condición actual. Pero se ve que su ceguera puede ser curada fácilmente por medio de una simple operación.

Así que el ciego se sometió a la operación y fue finalmente capaz de ver la luz.

-Yo era totalmente incrédulo de la existencia de la luz, y ahora puedo verla con mis propios ojos.

Exclamó.

Esta historia puede ser comparada con la actitud de la sociedad hacia la espiritualidad. La mayoría de las personas en nuestra cultura se asemejan al hombre ciego, rehusando aceptar la existencia de la espiritualidad porque no es directamente evidente. Sin embargo, si nos sometemos a la "operación", esto es, si hacemos el esfuerzo de vivir conforme a principios espirituales, finalmente observaríamos su constante influencia en nuestras vidas.

Muchos piensan que la espiritualidad es sólo un escape para los más débiles, para aquellos que necesitan ocultarse de la severa realidad de la vida, el sufrimiento, y una muerte inevitable. Es fácil juzgar la vasta cuestión de la existencia espiritual por la frustración y la duda que han surgido por medio de las experiencias pasadas con la religión organizada. Mientras que innumerables líderes de la iglesia han desplegado una evidente hipocresía y falta de integridad, y el mensaje original de la mayoría de los fundadores de las religiones, ha sido corrompido o reemplazado con el paso del tiempo, sería injusto regular nuestra existencia espiritual como enteramente falsa. Si la sabiduría y la verdad son lo que buscas, mantener una mente abierta, libre de ideas preconcebidas y prejuicios, seguramente te será del mayor beneficio.

La Verdad

El alma está aquí en el planeta para aprender. Aprende por medio de la experiencia. Cada parte de la vida, desde las actividades cotidianas hasta los dramas más inesperados, están siendo experimentados por Ti, para que tu alma aprenda. Cada simple experiencia, cada situación, cada dificultad, cada logro, cada trabajo duro, cada actividad, todo es experimentado únicamente para el avance espiritual. *Por favor, lee de nuevo la última oración:* es muy importante entender sus implicaciones a largo plazo.

No hay _ninguna_ acción en la vida que no afecte tu avance espiritual. Casi nadie es consciente de que ya están viajando activamente en su jornada espiritual desde el momento en que nacieron. Leer este libro te ayudará a transitar el sendero espiritual, con la plena conciencia de que tus acciones están constantemente trabajando por tu progreso espiritual.

Si vives de acuerdo con la naturaleza armoniosa de tu alma, entonces el proceso de aprendizaje se hará más fácil, y la vida se vuelve significativa.

Actualmente, con mucha frecuencia, estás en conflicto con esta armonía natural y, por lo tanto, te separas a Ti mismo de ella, ocasionando el vivir en la confusión de una existencia puramente materialista. Al seguir los ideales delineados aquí, definitivamente encontrarás la completa satisfacción interna de vivir de acuerdo con tu verdadero propósito y reconectarte con la armonía de tu alma.

Ahora hablaremos brevemente sobre Dios. Algunas personas se sienten incómodas con la palabra Dios. Dios es solo un modo de referirse a la Mente Universal, la conciencia que existe en todos y en todo. Si quieres, puedes pensar en Dios como el Origen, El Creador, El Proveedor, Todo-lo-que-es, Vida, Verdad, Cristo, Buddha, Allah, Jehová, Padre Divino-Madre Divina, o La Constante Compañía. Dios reside en *todas* las formas a través del entero Universo. La Mente Universal no está interesada en cómo te refieres actualmente a ella; sigue siendo esencialmente lo mismo.

La auténtica Paz & Felicidad, por las cuales todos nosotros gastamos nuestras vidas en su busca, nunca serán halladas en el mundo material. Ya que lo que realmente anhelamos es reconectarnos con Dios. En varios de nosotros, ese deseo no es muy evidente, pero siempre está presente en el subconsciente. Es el origen de nuestra insatisfacción y nuestro motivo más profundo para seguir viviendo. Sin embargo, debido a que la meta final no es aparente, buscamos en otros lugares formas menores de satisfacción, para distraernos de nuestra sensación de soledad.

Algunas personas se confunden porque sienten que *existe* algún tipo de Presencia Divina en nuestras vidas, pero si realmente existe, ¿por qué no se muestra a sí misma de alguna manera para ayudarnos? Bien, se *ha* mostrado a sí misma, indirectamente, a través de las enseñanzas y sabiduría de un gran número de santos e instructores espirituales, a través de la historia.

Pero rara vez se muestra directamente porque a todos nos ha sido dado el privilegio del *Libre Albedrío*. Esto significa que tenemos el derecho de escoger nuestros pensamientos y acciones, incluyendo la elección final de creer o no en nuestro creador. Si la Mente Universal fuera directamente obvia, no tendríamos el Libre Albedrío de elegir nuestras creencias.

Aun cuando reconectarse con nuestro origen es nuestro propósito y motivación última, el simple hecho es que la mayoría no desean cambiar su forma actual de vida para volverse armoniosa con su alma. Por lo tanto no hay necesidad de que Dios esté presente en sus vidas, hasta que reconozcan que su realidad egocéntrica solo les está brindando una satisfacción temporal.

La Mente Universal esta siempre atenta cuando una persona está lista y desea aprender la Verdad y cambiar. Entonces, se asegura de que la enseñanza más *adecuada* esté disponible de acuerdo a sus necesidades individuales. Este libro definitivamente ha llegado a tus manos porque la Mente Universal siente que estás listo para aprender algo de él. Esta es la forma en que Dios trabaja. Pero es asunto de tu Libre Albedrío cuánto estas dispuesto a absorber y permitirte aceptar la Verdad y vivir en armonía.

La Mente Universal es como un ilimitado océano. Cada uno de nosotros es como una ola individual, elevándose sobre el océano. El océano y las olas son lo mismo, aunque las olas parezcan pequeñas e insignificantes. Si las olas se calman, se mezclarán de nuevo en el océano, descubriendo su origen único. Si *vives* de acuerdo a las ideas de este libro, tu mente se volverá calmada y te *disolverás* en tu origen, reconociendo tu unidad con Dios.

Sinceramente te deseamos la mejor fortuna en este crecimiento hacia la Comprensión, la Verdad y la Armonía.

Armonía

La clave del éxito en tu misión sobre este planeta es algo que denominamos Recto Pensamiento y Recta Acción (RP&RA).

RP&RA tratan acerca de vivir en armonía con tu verdadera naturaleza, tu alma y con Dios. Entonces descubrirás *El Sentido de la Vida*. Esto está garantizado. RP&RA han sido enseñados por absolutamente cada tradición espiritual, cada religión, cada santo, cada místico, cada cultura ancestral avanzada. La forma de la enseñanza solo ha diferido debido a las necesidades individuales de la gente, el lugar, el tiempo y la cultura.

En algunas tradiciones religiosas, el fundador ha establecido que su propia vía era la única vía de alcanzar a Dios. Desde una perspectiva amplia, esto es cierto, ya que cada camino individual hacia Dios es solo una adaptación del camino común comunicado en todas las tradiciones. Cuando han establecido que la gente debería seguirlos a ellos y a más nadie, lo han hecho con buenas intenciones: las personas sin líderes tienen tendencia a correr alrededor como gallinas, siempre buscando la Verdad pero sin detenerse nunca a colocar cualquier nivel de Verdad en su forma de vida. Así que se espera que, por la lealtad forzada a una sola religión, se alcance cierta estabilidad. Ultimadamente no hay necesidad de tal lealtad, tan pronto como tomes responsabilidad por tu propio progreso espiritual, por medio de vivir con los principios de RP&RA.

RP&RA se trata de desarrollar ideales o virtudes, y desanimar las cualidades negativas. Este libro te dará todas las indicaciones que necesitas. Sin embargo, poner las indicaciones en práctica no siempre es tan simple.

Empero, *debe* ser hecho, *si* deseas de verdad ser profundamente feliz. Ten por seguro que es definitivamente posible para aquellos con dedicación y paciencia.

RP&RA se corresponden con la enseñanza central de cada tradición espiritual: reconocer la Unidad total de cada uno de nosotros con Dios y actuar de acuerdo con este punto de vista para eventualmente experimentar esta unidad. RP&RA es el camino hacia la meta. En cualquier momento en que surge la confusión y dejamos el camino, nos deslizamos a una forma de vida que no puede brindar satisfacción duradera. Aquí está tu oportunidad de retornar al camino, el auténtico propósito de tu vida.

Conoce que tu verdadera naturaleza es la armonía. La armonía es sentir la vida como un sentido de positivismo y propósito. La alternativa a la armonía es la desarmonía. Esto se siente como una sensación de negatividad. La idea básica de RP&RA es desarrollar nuestras cualidades positivas y cesar nuestras cualidades negativas. Es importante no condenarnos inmediatamente, ni a otros, por nuestras cualidades negativas; de lo contrario, recaeríamos en un estado de negatividad y juicio. Simplemente vemos cada situación de la vida como una oportunidad de desarrollar nuestras cualidades armoniosas.

Es vital recordar que Dios siempre se asegura de que todo sea *perfecto;* todo es exactamente como debería ser. Esto no resulta inmediatamente obvio por lo que podemos ver a nuestro alrededor, pero esto es porque cada alma está aprendiendo lo que *ella* necesita a *su* propio ritmo. Toda negatividad en este mundo es solo temporal; todos nosotros lentamente retornamos a la conciencia de Dios.

El mundo físico puede ser comparado a un segmento en el juego de Dios; todos nosotros somos actores jugando nuestro papel predeterminado para el beneficio de nuestras almas. El mundo entero, el entero Universo, es tan real como el escenario de un teatro. Todo lo que tiene lugar en nuestro escenario es, de hecho, solo aparentemente real, con Dios y nuestras almas como la audiencia. Nuestra vida entera es como una historia hecha manifiesta para podamos aprender.

Todas las dificultades son colocadas en la historia por nuestra alma para que aprendamos y busquemos el auto- mejoramiento. Sin obstáculos, no serias consciente de tus perturbaciones internas que te hacen vulnerable a la desarmonía. Siempre, siempre, siempre recuerda acercarte a toda situación positivamente, y confía en que Dios tiene tus mejores intereses en el corazón.

Problemas

Cada problema que encontramos en la vida es creado por Dios como parte de una experiencia de aprendizaje. Esto es cierto para absolutamente *cada* tipo de problema: enfermedades, accidentes, relaciones, dificultades laborales, cualquier situación que cree perturbación mental o emocional. No mucha gente nota que sus problemas individuales son meramente los signos de una larga experiencia de aprendizaje. A veces nos las arreglamos para mitigar o suprimir los síntomas *obvios* por medio de la fuerza de voluntad, medicinas, o simplemente ignorándolos, dependiendo de la naturaleza del problema. Sin embargo la experiencia que creó el problema no ha sido disuelta. Permanecerá manifestándose de todas maneras, de forma diferente o con síntomas menos obvios.

¡La intención de Dios no es simplemente trastornarte!, su intención para ti es que reconozcas la aptitud o cualidad negativa que ha estado persistentemente impidiéndote experimentar tu armonía natural. De hecho, te estas separando tú mismo de tu alma. Dios espera que esa dificultad te oriente en la dirección correcta hacia el cese de la negatividad.

Incluso si estas siendo afectado negativamente por los problemas de alguien más, puedes estar seguro de que la situación está presente para reflejar, de algún modo, un problema de negatividad en Ti mismo. De otra forma, Dios no permitiría que lo experimentaras. Ante un problema, lo mejor que puedes hacer es analizar la situación en su totalidad. Observa los eventos que preceden el problema y ve si hubo una aptitud inarmónica o expresión de negatividad en alguna forma. Mira como el problema puede ser solo un síntoma de una continua serie de dificultades similares. Si ignoras tus lecciones, se repetirán problemas similares. Dios espera que el patrón repetitivo te permita reconocer el significado profundo de estas dificultades.

Si la causa subyacente no es aparente inmediatamente, entonces no te des excesivamente por aludido. Ocasionalmente, un problema ocurre sin provocación aparente para probar tu dedicación al RP&RA. Si lo deseas, puedes pedir a Dios que te ayude a esclarecer la causa. En cualquier caso, debes saber que se te *revelará* la respuesta si permaneces atento. Al liberar tu ansiedad, puedes volverte consciente de esta respuesta, aun cuando no estés pensando conscientemente en ella. En caso contrario, no dudes de que Dios proveerá otra oportunidad para que aprendas la misma lección, creando otra dificultad similar para Ti.

En última instancia, debes aprender a asumir la responsabilidad por tu vida y *todas* sus circunstancias y situaciones. Quizá pienses que esta es una postura injusta. Por ejemplo, algunas personas han nacido bajo ciertas condiciones tales como pobreza y penalidades, o sanas y con comodidades, o aun incapacitados físicamente. Además esas condiciones extremas pueden surgir en cualquier momento durante la vida, sin responsabilidad alguna de parte del individuo. *NO* dudes de que esto ha sido completamente escogido por el alma antes de nacer. Las condiciones son precisamente las requeridas para las lecciones específicas para cada individuo. Cada cosa en particular que experimentas es de tu propia autoría. Las experiencias negativas pueden ser liberadas *únicamente* a través de la percepción consciente de tus lecciones, y desarrollando cualidades y actitudes armoniosas. Asumir la responsabilidad de tu entera vida, es uno de los mayores progresos que puedes hacer en tu camino espiritual.

Aquellos que padecen de enfermedades crónicas, pueden tener dificultades aceptando que ellos son responsables de su interminable sufrimiento. Veamos un ejemplo: la ciencia médica moderna ha concluido, más allá de toda duda, que la depresión y la ansiedad prolongadas son, mayormente la causa definitiva y subyacente del cáncer.

Es muy fácil de entender - la persona deprimida piensa: *La vida es terrible, cual es el sentido de vivir, etc.*, y así el cuerpo actúa como un reflejo físico: un cuerpo que no soporta el proceso de vivir. Para el tiempo en que la persona es diagnosticada, aun una renovada voluntad de vivir no es suficiente, para contrarrestar la negatividad fuertemente arraigada durante largos años. No obstante, *hay* muchos casos registrados de completa curación, sin tratamiento médico, en aquellas raras personas quienes se las han arreglado para liberar completamente su negatividad, y cambiar sus aptitudes y creencias de toda la vida, para aceptar la fe, la esperanza y la felicidad.

Para todas las otras enfermedades es lo mismo. Analiza profusamente la naturaleza actual del problema, y encontrarás que de alguna manera refleja el prolongado estado mental del sufriente. No sugerimos que detenga cualquier medicación necesaria. Mientras una dieta pobre o una disfunción bioquímica pueden haber causado la enfermedad física, es tu alma quien ha creado esas condiciones para llamar tu atención... Tú debes trabajar sanándote a Ti mismo del problema físico, mientras simultáneamente te sanas Tu mismo de la profunda e inarmónica causa raíz.

Así que ahora entiendes, y comenzarás a tomar la responsabilidad por cualquier dificultad en tu vida. Tú *debes* asegurarte de no *culpar* a nadie, o recaerás en la negatividad. No debes culparse a Ti mismo, a tus parientes ni a quienes te rodean. Dado que la mayoría de nosotros no somos conscientes del largo alcance y efectos de nuestras actitudes y creencias negativas, ¿cómo podría alguien ser culpable?

También está alerta de no culparte a Ti mismo, por ayudar a crear desarmonía y dificultades en las vidas de otras personas, por medio de sus propias actitudes y acciones negativas del pasado. Ten la certeza de que fue la escogencia de *sus almas* experimentar esa desarmonía, como parte de su experiencia de aprendizaje. Por lo tanto libérate Tu mismo *AHORA*.

Es tu ignorancia de la Verdad espiritual la que ha causado *toda* la desarmonía y el sufrimiento, y esperanzadamente es tu nueva conciencia la que te ayudará a ser responsable de crear armonía de ahora en adelante. Puedes estar seguro de que tu alma espera que lo notes y aprendas, de tal forma que Dios no se vea obligado a mantener repitiéndose todas tus dificultades.

RP&RA

Esta sección provee una guía sencilla y directa para ayudarte a adoptar la armonía en tu vida. Es importante leerla y contemplarla lenta y detenidamente. Mucho de ella puede parecer obvio, pero es vital vivir realmente de acuerdo a esos ideales, en cada situación de la vida diaria.

Ahora, por favor, comprende que no estamos tratando de predicar ni de decirte como *debe* ser vivida tu vida. Simplemente sugerimos cambios que pueden ser hechos, *si Tú deseas* eventualmente, ser de verdad profundamente feliz.

*Una de las cualidades más importantes a desarrollar es la *ecuanimidad:* la habilidad de mantener la mente calma y estable en cualquier situación. Esta única cualidad puede salvarte de caer en incontables actos de negatividad, a través de la frustración, ansiedad y mal humor.

*Y si pierdes tu ecuanimidad, al menos evita actuar mientras estés irritado y perturbado, o solo será peor.

*Es muy importante tomar la responsabilidad de tus propios pensamientos y acciones. Si *TÚ* no tienes el control, ¿Entonces quién?

*Intenta liberarte de la necesidad de gratificar continuamente los sentidos en placeres triviales. Estos actúan como una adicción que destruye tu paz. ¿Por qué ser esclavo de tu propio cuerpo?

*Similarmente, suelta la *necesidad* por tener muchas posesiones y expectativas materiales. La satisfacción que estos brindan es temporal y, en última instancia tiende a mantener el descontento y la necesidad de más, más, y más. Utiliza tu discernimiento para reconocer la naturaleza efímera de los placeres físicos.

*Recuerda convertir las experiencias negativas en oportunidades de aprendizaje. Considera cada evento negativo como una oportunidad de mejorar, crecer, probar tu resistencia y dedicación al positivismo y la armonía.

*Se totalmente honesto contigo mismo todo el tiempo. No te permitas ignorar tu negatividad. La auto-decepción inevitablemente llevará a la falta de auto-respeto.

*No culpes a otros por tus errores, ni tampoco a Ti mismo. No hay culpables, solo hay experiencias de aprendizaje. Los errores resultan únicamente de los hábitos y condicionamientos aprendidos de la sociedad y de quienes te rodean. Juzgarse a sí mismo y a otros no resuelve problema alguno. No te avergüences de los errores del pasado. La Mente Universal no te ve como un delincuente; ella entiende que los fallos son una parte natural del ser humano. No seas severo contigo mismo. Perdónate a ti mismo, como Dios te perdona.

*No odies tus cualidades negativas; *acéptelas* y trabaja en liberarlas. Trabaja en liberar los hábitos limitadores y condicionantes, que has recibido de una sociedad confusa y espiritualmente ignorante. Despréndete de tus viejas creencias limitadoras. *Nunca* es demasiado tarde para cambiarse a sí mismo.

*Frena los hábitos por medio del poder de tu voluntad. ¿Acaso hay alguien más controlando tus acciones? Tus hábitos pueden ser fuertes, pero tu voluntad es más poderosa, si Tú honestamente quieres que lo sea. La voluntad es como un músculo: puede ser un poco blanda al principio pero con el uso se expandirá y crecerá.

*No critiques *jamás* a nadie, aun si no están presentes, esto solo resulta en que te rodeas Tu mismo con tu propia negatividad. En cambio puedes dar ayuda constructiva, pero *únicamente* si será verdaderamente beneficiosa para ellos, y siempre sin ningún juicio.

*La ira, la frustración y todas las formas de negatividad son destructivas para tu bienestar. Estas cualidades perjudiciales no deberían ser *suprimidas*, sino transformadas en cualidades armoniosas. Convirtiendo los pensamientos negativos en sus opuestos positivos.

*Tu alma es la única quien, con la ayuda de Dios, planea las circunstancias de esta vida, para tu mayor beneficio espiritual, de acuerdo a tus necesidades individuales. Intenta siempre responder a cada situación de manera positiva.

*Intenta permanecer más tiempo en silencio; eso ayuda a calmar tu mente atareada. Evita bombardearla constantemente con entretenimientos y conversaciones triviales.

*Intenta dedicar menos tiempo a espectáculos televisivos y música basados en negatividad y violencia. Estos tienen un gran efecto en tu estado mental. Por qué no, más bien caminar, hacer jogging, hacer algo creativo, o tomar algunas clases.

*De manera similar, evita exponer tu mente vulnerable a la interminable e irrelevante violencia y escándalos de las noticias diarias en la televisión y los periódicos. Ese constante flujo de negatividad, es un factor principal en la desensibilización de tu sensación de armonía natural.

*De la misma manera que *Tu* eres, en realidad, un alma en unidad con Dios, es importante recordar que también los Demás lo son. Es por esto que todas las religiones han enseñado la importancia de siempre tratar a quienes te rodean como iguales y amigos. Sin embargo, es difícil para nosotros, con nuestra perspectiva actual, entender nuestra unidad esencial. Este punto de vista solo puede crecer dentro de Ti si estas deseando intentar vivir de forma menos egocéntrica, considerando el mejor interés de los demás como tus mejores intereses. Una buena forma de empezar es abriéndote a la caridad: dando de Ti sin esperar nada a cambio.

*Esto se desarrolla al dar tu tiempo y tu energía sin egoísmo a las personas que te rodean, de la forma que sea más apropiada. Enfrenta las situaciones preguntándote "¿Cómo puedo ayudar?" en vez de "¿Qué hay para mi aquí?". Da solo por querer dar, sin buscar recompensa ni reconocimiento. Siempre los mejores regalos son aquellos que llegan inesperadamente. Cada vez que ayudas a *alguien*, sutilmente te ayudas a ti mismo, a través de la Unidad de todos los seres. Puedes estar seguro que Dios te recompensará. Lo que va alrededor viene de alrededor: "Así como siembres así cosecharas".

*La mayoría de lo que consideras tus necesidades no son realmente necesarias. Sin embargo aun te permites disturbarte cuando no las recibes. Está alerta de tus necesidades como siendo solo *preferencias*. No seas un adicto a recibirlas.

*Cree en la Mente Universal, y esta cuidará de ti. La creencia total se transforma en Fe: La habilidad de vivir sabiendo que todas las cosas son y serán siempre totalmente Perfectas, no importa lo que parezcan. Puede ser necesario tener una creencia ciega al principio, pero si vives en *RP&RA*, tu fe ciega devendrá en la fe de la experiencia y la sabiduría. Los problemas cotidianos no son *nada* comparado con la maravilla y el disfrute de alcanzar tu meta. Preocuparte acerca de las cosas de la vida, es una de las principales razones de que te sientas separado de tu alma. Nada puede dañar o perturbar tu alma. Por lo tanto, no permitas a nada preocuparte. Es tu elección.

*No *luches* por el éxito constante; permite que la vida fluya suavemente a su propio ritmo.

*Intenta escuchar más a tus expresiones viscerales; son la voz de tu intuición, y están más en sintonia con tu alma que la mente excesivamente racional.

*Incrementa la calidad de tu vida incrementando la calidad de tus pensamientos. Es sencillo si lo intentas.

*Evita la tensión mental a toda costa; nunca hay una razón válida para panerte en ese aprieto. La vida *fue* pensada para ser fácil, y siempre puede serlo si la dejas.

*Reconoce que la naturaleza y la vida están basadas en la impermanencia: nada permanece igual. Por lo tanto, no coloques tu felicidad en algo que es temporal.

*Está consciente de ti como un actor en el juego de Dios; Tú eres solo un *testigo* de los eventos de la vida diaria. No puedes ser perturbado por aquello a lo que no estas apegado. Libera tu apego a todo, menos a tu estado interior de positivismo.

*Vive sencillamente, vive en libertad interior.

*Ten una aptitud supremamente optimista: ve solo positivismo y perfección. Esto es exactamente lo que tu alma siempre ve. Cuan placentera puede ser tu vida, si tan solo tratas de percibir su Verdad: tu vida es solo una aventura, desempaquetando nuevas sorpresas y oportunidades cada día para tu aprendizaje y expansión.

*Es tu total elección el sentirte feliz o triste, contento o descontento. No tiene nada que ver con las circunstancias externas, es tan solo tu mente. Así que escoge la felicidad y el contento AHORA. Escoge felicidad y contento a cada momento. Si los pierdes temporalmente, simplemente ¡escógelos de nuevo!, es realmente así de simple. Si lo haces difícil, te estas engañando a ti mismo.

Puede requerir práctica y rememoración constante por un tiempo, pero una vez convertido en hábito, la totalidad de tu vida cambiará.

*Rehúsa el permitirte descender a las vías inarmónicas de quienes te rodean.

*Si tienes un temperamento, nota que siempre es causado por tu compasión. Te frustras debido a que quieres que la otra persona te escuche, para poder ayudarla por tu propio bien. Pero ¿tu temperamento siempre ayuda?, trata de convertir el temperamento en simpatía sin sentirte frustrado, y serás mucho más efectivo al ayudarlos.

*Memorizar la siguiente sentencia puede ayudarte a sobrellevar las pruebas más difíciles de tu dedicación:

La persistencia es la clave del éxito final.

*El placer de encontrar a Dios es más grande que el entero mundo de disfrute material puesto junto. Así que no malgastes tiempo buscando placer fuera de Ti mismo.

*Dios, la Mente Universal, siempre está escuchando. Hablar con Dios puede ayudarte. No te preocupes por oraciones formales; solo háblale a Dios en tus propias palabras. Por medio de hablarle regularmente a la Mente Universal y creer que escucha, desarrollarás una relación personal que puede ayudarte inconmensurablemente.

*Siempre intenta actuar en el mejor interés de los demás. Sé generoso con tu tiempo y energía. Nunca te aproveches de otro. Trata siempre de hablar y tratar a los demás honestamente. Siempre respeta la igualdad de todos, y reconoce que, realmente, cada uno de ellos es Dios disfrazado.

*Considera esto: solo puedes ser insultado, humillado, o perturbado por alguien si escoges permitir que suceda. Los demás no pueden perturbarte; solo tú te perturbas a ti mismo permitiendo a tu mente alterarse. *Siempre* es tu elección.

*Libera el resentimiento; este conduce a una negatividad profundamente enraizada. Libera la amargura largamente retenida y la inquina. Perdona a los demás, no importa que hayan hecho, y permítete continuar y vivir libremente. Te sentirás mejor por esto.

*Intenta reemplazar el exceso de soberbia y Ego sobre-inflado con humildad y ausencia de Ego. Evita las actividades que fomenten la inflación del Ego, por ejemplo tomando demasiado en serio los deportes o la competición laboral. Pero deberías tener plena auto-confianza, debido a que, por el esfuerzo de vivir en *RP&RA*, la Mente Universal seguramente estará de tu lado y te proveerá toda la fortaleza y habilidades que necesites, para progresar exitosamente.

*Recuerda que la vida diaria no es una tarea, sino una parte importante de tu jornada espiritual individual.

*Intenta apreciar la belleza de la naturaleza y los regalos Divinos.

*Muy importante: reconoce que todo cuanto piensas y haces *regresará* a Ti, así que comienza a hacerlo bien ahora.

*Espera el éxito en *RP&RA*. Si pareciera ocurrir lo contrario, cree que es solo parte del proceso de purificación trazado por Dios.

*No sabotees tu *RP&RA* con dudas ni otros pensamientos inarmónicos.

*No subestimes el poder dañino del pensamiento negativo.

*No subestimes el poder sanador del pensamiento positivo.

*No malgastes el tiempo en compañía de gente inarmónica; sus cualidades inevitablemente te lesionarán. Considera romper las relaciones que continuamente te traen desarmonía. No sacrifiques tu felicidad a largo plazo por la seguridad y sentimentalismo de las relaciones. Y considera cambiar de empleo, si este interfiere con tu armonía.

*Selecciona amigos y relaciones que, de manera natural te ayuden a desarrollar la armonía en ambientes positivos.

*Complácete en lujos más distanciadamente, así evitarás el apego y la ansiedad.

*Adopta *RP&RA* cambiando realmente tu perspectiva actual, completamente influenciada por las creencias negativas preprogramadas de la sociedad, por una nueva perspectiva basada en un punto de vista imparcial y honesto. Está alerta a la forma en que tu ambiente te influencia a pensar negativamente, y toma pasos para cambiarlo.

*La reencarnación ha sido debatida por la sociedad a través de las edades. Mucha gente lo considera como una historia para los débiles que no son capaces de enfrentar la realidad de la muerte. Sin embargo, si miramos más de cerca, el concepto en sí mismo implica fortaleza, no debilidad, puesto que el individuo debe actualmente comenzar aceptando la responsabilidad por su propio futuro y actuar en consecuencia. En cualquier caso, es interesante que la mayoría de nuestros grandes intelectuales y filósofos a través de la historia hayan aceptado la reencarnación como un hecho, incluyendo a Carl Jung, el más altamente respetado psicoanalista, quien se volvió un creyente luego de años de investigación y exploración. De hecho, la investigación ha indicado que al menos el 25% o más de los cristianos cree que la reencarnación es cierta.

*Prácticamente cada religión y tradición espiritual ha enseñado la reencarnación, e incluso la Biblia Cristiana, de hecho, enseña la idea del renacimiento en muchas declaraciones veladas. La investigación ha mostrado que originariamente hubo muchas referencias directas en la Biblia, pero fueron removidas por las autoridades de la iglesia en el siglo VI. Esto fue debido a que muchísima gente fue complaciente en sus intentos de RP&RA, debido a que se figuraban que sería más fácil esperar otra vida con circunstancias más oportunas. Aquí fue cuando el concepto de *infierno* fue creado para asustar a la gente y que fuera buena. En realidad, Dios tiene Perdón, Piedad, Compasión, Entendimiento y Amor supremos; la condenación eterna ¡no tiene cabida allí!

*Pero tus pensamientos y acciones inarmónicas *definitivamente* tienen que ser liberadas en algún momento, ya sea en esta vida o en otra. El karma no es castigo, como mucha gente piensa. Es la mano *sanadora* de Dios. Mantiene el equilibrio y el constante balance en Ti y en el Universo. Toda la desarmonía que creas, y que por lo tanto está ligada a Ti, siempre regresa, para que *Tú* la liberes y la disuelvas. Esto es necesario antes de que puedas redescubrir la armonía de tu alma y te disuelvas de regreso en el Origen.

*Puedes comparar tu encarnación actual como un capítulo de un libro gigantesco. Cuando renacemos, comenzamos un nuevo capítulo, olvidando todas las memorias del último capítulo, nuestra vida previa. Esto es para protegernos de vivir en el dolor y los sufrimientos pasados, así como multitud de memorias irrelevantes. Pero nosotros *cargamos* consigo las cualidades y lecciones que hemos aprendido.

*No temas a la muerte: es inevitable, ineludible, cada momento nos acerca un paso más. Cree en la vida del alma eterna. El cuerpo puede morir, pero el ocupante continúa. El alma cambia su cuerpo físico como una persona cambia sus pantalones cuando estos se gastan. No hay necesidad de preocuparse por las vidas pasadas y futuras; solo ocúpate de vivir de la mejor manera durante el tiempo que tienes en esta encarnación.

*El éxito y el fracaso son ambos experimentados continuamente en cada aspecto de nuestras vidas. Si intentaras aceptar ambos a medida que surgen, sin apego a ninguno, la vida se volvería más sencilla. Tu contento *puede* permanecer ininterrumpido si lo escoges así.

*Cree que Dios se asegura que la gente solo reciba lo que es necesario para su progreso, y nunca pone lecciones que sean innecesarias o demasiado difíciles.

*No siempre es fácil percibir signos de progreso espiritual, ten paciencia y fe, y tu claridad llegará.

*Entre más persistas en sucumbir a los deseos materialistas, más nudos colocarás entre Ti mismo y tu armonía natural, que eventualmente tendrán que ser desatados.

*Mata de inanición la negatividad al no habituarte a pensamientos que la soporten, como deseos, ira, resentimiento, etc.

*No te apegues a tu estatus actual, familia, amigos, logros, posesiones que tengas o desees, ni sentimientos de logro. Esto no significa que debas renunciar a ellos, solo que reconozcas que todos ellos son temporales y que, aun sin ellos, estarías completo. Depende únicamente de Ti mismo para la felicidad.

*Entrega sentimientos de superioridad, inferioridad, o de ser víctima de las circunstancias.

*Así como un pez que vive en el océano nunca podrá entender la inmensidad del cielo, igualmente mientras vivas en el cuerpo físico, no podrás comprender la Infinitamente Perfecta Naturaleza de Dios. Por esto es que los grandes filósofos e intelectuales nunca llegan a una conclusión definitiva: Dios jamás puede ser encontrado por medio del pensamiento racional. Solo viviendo *RP&RA* podemos alinearnos con la Mente Universal y experimentarlo personalmente en nuestras vidas. Es solo así que la iluminación conseguida por todos los santos y místicos de todas las eras puede descender sobre ti. Está garantizado que, a medida que Tu incrementes tu dedicación a poner estas ideas en práctica, la iluminación se volverá disponible a Ti en niveles increméntales. Esta justo a la vuelta de la esquina, y requiere solo tu esfuerzo constante, voluntad y dedicación.

*La auto observación y el auto análisis son tus mayores herramientas en el camino a la verdad. La auto transformación debe ser tu mayor ánimo en la vida.

*Libera la necesidad por la apreciación y la aprobación de los demás. En su lugar, aprecia y aprueba generosamente a otros.

*Dios no quiere que seamos perfectos, solo que tratemos. Es mejor trabajar en la auto transformación imperfectamente que en la auto degradación perfectamente. Entrega tus miedos al rechazo, a las fallas, a la insuficiencia y a ser juzgado.

*La aceptación de los otros incluye reconocer su derecho de escoger la desarmonía y la ignorancia sin criticarlos ni juzgarlos.

*Acumula tus alegrías, nunca tus pesares.

*Se agradecido con tus enemigos y oponentes, reconociendo que son tus mejores maestros, ya que siempre te muestran donde aún eres vulnerable a la negatividad.

*Anda por el mundo como un León del Auto-control; no permitas que los deseos te pateen de un lado a otro.

*Todo el mundo tiene problemas. Tú indudablemente te encontrarás con muchos más problemas. Sin embargo no hay necesidad de convertirlos en una fuente de infelicidad y descontento.

*Se lo suficientemente humilde para solicitar ayuda a la Mente Universal. Dios está más interesado en perdonarte que en escuchar tus excusas. No necesita un chivo expiatorio; solo se honesto con Dios y contigo.

*Algunos abandonan sus esfuerzos en *RP&RA*, porque deciden que es demasiado difícil mantenerlos durante periodos prolongados. Pero, tienes que aceptar el hecho de que *necesitas* empezar en algún momento. Si lo abandonas ahora, lo más probable es que tengas un trabajo más arduo en el futuro. Así que COMIENZA AHORA y no abandones, no importa cuántos obstáculos debas superar.

*Debes intentar sobreponer todo egoísmo; es un gigantesco retroceso en el progreso hacia la Unidad.

*Es nuestro privilegio, otorgado por Dios, el Libre Albedrío, por medio del cual nos encerramos en limitaciones escogiendo continuamente la desarmonía. Y es tu Libre Albedrío el escoger continuamente la armonía, que puede y te llevará a la Liberación Ultima.

*No permitas que meros inconvenientes te disturben o te irriten.

*El sufrimiento es una parte inevitable de la vida convencional. *RP&RA* actúa como una aspirina espiritual: los problemas aún pueden surgir, pero el dolor es ausente, no hay confusión, ni frustración, ni cólera, etc.

*No pienses que *RP&RA* resultará en desplacer y penalidades al tener que abandonar todos tus lujos y placeres físicos. Liberar tus deseos materiales, una vez satisfechos, es, de hecho, lo mejor que nunca habrás experimentado: completa libertad.

*Siempre escoge la armonía, pero, al mismo tiempo está preparado para aguantar la desarmonía si ocurriese.

*Importante: intenta detener tu mente del constante vivir en el pasado y planear el futuro. Entonces podrás *apreciar el presente*. Permanece aquí y ahora.

*Recuerda que, mientras tus deseos siempre te han brindado felicidad en el pasado, este placer solo ha existido en los pocos y breves momentos entre los muy largos periodos de ansiedad, frustración y sufrimiento. No puedes escoger preservar todos tus deseos materialistas *y* liberar tu sufrimiento:– eso es pedir lo imposible – no va a suceder.

*Permite que el placer surja en tu vida por medio de una vida y placeres sencillos, no por la continua búsqueda de experiencias efímeras.

*Todos tus apegos, preocupaciones y deseos solo se relacionan al cuerpo temporal que habitas. Entre más profundamente realices esto, más pronto serás libre.

*Cuando encares un reto, no es necesario actuar como una víctima; nunca es el momento adecuado para escoger la debilidad.

*Intenta no apegarte a las circunstancias de la vida; deja que la Mente Universal desarrolle las experiencias, ya que ella siempre sabe lo que es mejor. Recuerda que todo es perfecto.

*No eres un humano tratando de *lograr* la espiritualidad, Tú eres un alma que reside temporalmente en la herramienta de un cuerpo humano, en el proceso de retornar a tu estado natural de armonía y paz eternas.

*Realiza que Tú no eres realmente Tu cuerpo, tus pensamientos ni tus sentimientos; estos son todos temporales. Trata de reconocer que, en esencia Tú eres una bella Alma Divina.

*_Puedes_ sobrellevar *cualquier* dificultad. No dejes que nada se interponga en tu camino.

*La paciencia es tu mayor fortaleza. La paciencia y la persistencia superarán cualquier obstáculo.

*Olvida los problemas de ayer y los sueños del mañana. *Aprecia tu vida hoy.*

*Evita la trivialidad en la vida cotidiana.

*Para liberar tus miedos internos, dudas y otras cualidades negativas, debes encararlas directamente. Si intentas esconderte de ellos, jamás se irán. *Solo* al reconocerlos y aceptarlos pueden ser liberados. Puedes intentar escribir una lista de tus miedos, así como de las cosas acerca de Ti que críticas y acerca de las cuales eres infeliz. Entonces trabaja para transformar estas actitudes inarmónicas.

*El *único* obstáculo verdadero a tu progreso es tu obstinada actitud hacia el cambio.

*No existe nada, absolutamente nada, más atractivo que el placer de vivir verdaderamente con Dios. La salud y el placer físico son meros oropeles comparados con el tesoro interno de Paz & Libertad. No hay aventura más grande ni experiencia más maravillosa, como tu camino espiritual hacia la Verdad & Dios.

*No te sientas agobiado si el auto-análisis revela un montón de hábitos negativos: solo comienza a liberarlos *ahora,* antes de que sea peor.

*Trata de detener la interminable preocupación interna en tu mente, causada por la ansiedad y la confusión. Especialmente, está alerta cuando tu mente este trabajando en exceso: disminuye tus pensamientos. Pregunta menos irrelevancias, libera tus preocupaciones, dudas y frustraciones. Y cuando la mente se vuelva quieta encontrarás la solución a todos tus problemas. Ultimadamente puedes estar consciente de la quietud entre los pensamientos; en este silencio sentirás paz interna.

*No hay situación en la cual la armonía del *RP&RA* no se aplique por completo.

*Vivir en *RP&RA* implica considerar el correcto uso de tu dinero y el correcto uso de tu tiempo. La forma en que pongas esto en práctica es cosa tuya, solo mantenlo en mente.

*Acepta la responsabilidad de todos tus actos. Pero no te condenes. Vive al máximo. Si piensas o actúas negativamente en todo, debes saber que es *tu elección* y que tienes la libertad de escoger el positivismo si así lo quieres.

*Una vez que hayas empezado a poner *RP&RA* en plena práctica, y estés haciendo sólidos progresos, aún más dificultades de lo usual pueden surgir. Son la forma en que Dios prueba tu estabilidad y dedicación. Cuando enfrentes las pruebas más duras, *debes* perseverar, perseverar, perseverar, si deseas superarlas exitosamente. No te preocupes, *serás* finalmente recompensado. *Siempre* vale la pena. Así que sigue adelante.

*Está alerta a la auto-decepción; se consciente del motivo de tus pensamientos y acciones.

*No le temas al cambio, es inevitable.

*No seas víctima de las circunstancias; toma acciones para cambiar cualquier cosa que estorbe en el camino de tu felicidad. Hazlo AHORA.

Por sobre todo libera la Negatividad y Desarmonía

Desarrolla Positivismo y Armonía

El Cuerpo

Ahora discutiremos brevemente la necesidad de ver más allá del cuerpo. Tu cuerpo, mente y alma están sutil pero integralmente ligados. Cuidar el cuerpo tiende a una mente más relajada y estable. Y una mente más relajada y estable tiende a incrementar la armonía. No hay necesidad de estar obsesionado con el cuerpo. Lo más importante es mantener una buena salud general y, por sobre todo, permanecer libre de tensión. Alguna información importante:

*El ejercicio regular, de cualquier forma, es absolutamente esencial.

*Trata de mantener la columna recta, no andando alicaído.

*Trata de no respirar superficialmente. Respira lentamente y llena bien los pulmones. Esto oxigenará el sistema entero.

*Intenta sonreír y reír más; ha sido científicamente comprobado que es muy beneficioso para Ti a nivel mental y físico.

*Mantén tu rostro relajado, y no intentes mantener la mandíbula apretada. Esto libera mucha tensión.

*Estira tus brazos, piernas y, especialmente, el cuello regularmente para liberar tensión. Relaja los músculos tensos a lo largo del cuerpo, tan pronto como te des cuenta de ellos.

*Trata de absorber un poquitín de luz solar cada día. 15min son suficientes. Asegúrate de que sea luz directa, no a través de vidrio, el cual bloquea algunas frecuencias sustentadoras de vida.

*Abandona el cigarrillo, ya que contribuye a la desarmonía física, mental y espiritual.

*No utilices ropa ajustada en exceso, especialmente ropa interior.

*Usa fibras naturales tanto como sea posible, como algodón, lana y rayón. Las fibras artificiales mezcladas con naturales están bien.

*Los investigadores han concluido que el color de tu ropa afecta grandemente tus estados mentales. Vestir negro o gris no es usualmente muy bueno para mantenernos felices. Generalmente, intenta combinar con colores ligeros y sombras. Siempre usa el color que sientas más adecuado a tu personalidad. No te preocupes por lo que otros puedan pensar acerca de tu cambio de vestimenta; lo más importante es que Tu estés feliz.

*Utiliza zapatos tan poco como te sea posible; permite que tus pies respirar.

Tomar clases de yoga es *extremadamente* recomendable. Su práctica regular contribuye a tu bienestar bioquímico, psicológico, esquelético, estructural, nutricional y más. También ayuda a desintoxicar *todos* los sistemas del cuerpo y los órganos internos. Fue originalmente diseñada por avanzados instructores espirituales, no como meros ejercicios físicos, sino como un medio de Perfecta Salud para ayudarnos en nuestra jornada a la Completa Conciencia Espiritual.

Las terapias alternativas ayudan a liberar la tensión de problemas pasados que aún están sutilmente sujetos en tu cuerpo y conciencia. Reiki es, por supuesto, la primera opción, pero considera sesiones adicionales de terapias como masaje profundo, kahuna polinesio, aromaterapia, masaje sueco, masaje chino, kinesiología, renacimiento, drenaje linfático, reflexología, acupuntura, feldenkrais, técnica Alexander, miofascial, trabajo respiratorio, irrigación de colon, fisioterapia, osteopatía, kiropraxia, vibro sauna, tanque de flotación y más.

Estas actividades son una mucha mejor inversión de tu tiempo y tu dinero, que la persecución de lujos y entretenimientos. El resultado es más duradero y serás mucho más feliz.

La influencia de la Comida

La carne contiene enormes cantidades de estimulantes artificiales del crecimiento, químicos y hormonas antinaturales, y mucho más. Todos son tóxicos para nuestros órganos sensibles. Hay muchas otras razones, a nivel tanto físico como espiritual. Entre más pronto te vuelvas vegetariano, más pronto tu cuerpo puede comenzar a sanarse completamente a sí mismo y a liberar sus residuos tóxicos. Está bien cambiar a pollo y pescado primero, pero es mejor parar de comer aun estos eventualmente. Si tiene rostro, ¡no lo comas!

Para las otras comidas, lo más importante es decidirse por alimentos frescos y naturales, con un mínimo de aditivos y procesamiento.

Mejor Digestión

Es mejor parar de comer antes de estar lleno; solo deberías comer hasta que el estómago este entre la mitad y tres cuartos lleno. Más de eso resultará en que la comida no sea totalmente disuelta ni digerida adecuadamente, lo cual no es bueno para el cuerpo. Siempre mastica completamente, esto ayuda a la digestión y completa la nutrición.

No tomes demasiados líquidos mientras comes, o tus jugos estomacales se diluirán, resultando en indigestión. No comas bocadillos durante el día; dele al sistema digestivo oportunidad de tomar un descanso. Trata de hacer dieta líquida por medio día o un día completo una vez a la semana – tu cuerpo estará inmensamente agradecido por esta oportunidad de relajarse, y ocuparse del trabajo de sanación para el que generalmente está demasiado ocupado.

Afirmaciones

Las afirmaciones positivas tienen un efecto muy beneficioso en la mente, ayudándote a cambiar tus hábitos negativos mucho más fácilmente. La repetición regular de afirmaciones positivas rinde resultados definitivos en un tiempo muy breve. Las siguientes afirmaciones serán más efectivas si las lees a diario, o incluso dos veces diarias si lo deseas. Si tomas en serio *RP&RA*, este ejercicio es una necesidad. Léelas lentamente, con una pausa entre cada afirmación para contemplación, y asegúrate de esperar el éxito. Pronto te encontraras viviendo más armoniosamente con menos esfuerzo. Aunque no es estrictamente necesario, puedes querer empezar solicitando asistencia a Dios.

-Me vuelvo más positivo y armonioso cada día.

-Libero toda negatividad y cualidades inarmónicas.

-Aprecio mis circunstancias presentes y estoy contento y feliz ahora mismo.

-Estoy reemplazando la ira con el perdón.

-Estoy reemplazando la frustración con la paciencia.

-Estoy liberando cualquier auto-juicio negativo, me acepto y me aprecio como soy ahora.

-Estoy aceptando a cada uno incondicionalmente, sin juicio, intolerancia o irrespeto.

-Creo que mi alma está en control de las circunstancias de mi vida.

-Reconozco que todo es en mi mejor interés y sucede tal como debería.

-Permanezco abierto a las oportunidades de aprendizaje como se presentan a mí.

-Abandono toda preocupación y ansiedad, permanezco calmado y relajado en toda situación.

Conclusión

Por encima de todo, desarrolla la armonía y el positivismo. Si deseas ser verdaderamente feliz y vivir de acuerdo con tu alma, tu ánimo más profundo, *sobre todo lo demás* debe ser la auto-transformación. Acéptate y valóraTe tal como eres ahora; nunca te juzgues a ti mismo, toda falla es solo temporal. Pero está *constantemente alerta* de las formas en que puedes mejorar.

Abandona la postergación, así como las discusiones y pensamientos inútiles. Pensar acerca del camino te hará poco bien; para de *buscar* respuestas y empieza a *encontrarlas* realmente en tu vida. Vive en *RP&RA*. Debes actualmente *andar* el sendero si deseas tener éxito. Transforma esos pensamientos de palabras a acciones concretas. Convierte tu vida diaria en una serie de victorias espirituales.

Para tener beneficios reales deberías leer este libro en su totalidad, de nuevo, de nuevo y de nuevo. De otra manera, tendrás problemas desarrollando y reteniendo las cualidades esenciales que transforman la vida. Con la repetición tu recuerdo crecerá. Con el recuerdo, la auto-conciencia crecerá. Con la auto-conciencia, *RP&RA y* la armonía crecerán y el propósito de tu vida será alcanzado.

Meditación

Recomendamos que intentes insertar sesiones cortas de meditación en tu programación diaria o semanal. El propósito de la meditación no es tener visiones o revelaciones. La meditación brinda una gran sensación de bienestar, y aun los principiantes experimentan esto casi de inmediato. La meditación permite calmar la mente, y consecuentemente desarrolla el balance natural, la claridad y la armonía. Puede ser tan simple como cerrar tus ojos y volverse consciente del ir y venir de la respiración, escuchando el sonido que hace. Una forma popular de meditación es utilizar una cinta de meditación guiada, esas son muy buenas y están disponibles para tu uso inmediato.

Liberando Negatividad

Si tienes dificultades liberando los pensamientos negativos en la vida cotidiana, la próxima vez que surjan intenta dirigir tu atención a la respiración. Sé consciente del aire entrando y saliendo, escucha su sonido. Esto usualmente permitirá que la negatividad se disipe. Si regresa, repetidamente regresa a la respiración. Esto te conducirá a la paz interna en momentos en que de otra manera estarías muy perturbado. La práctica regular de la conciencia de la respiración, te brindará desprendimiento inmediato de la desarmonía.

Amor

La mayoría de las tradiciones espirituales han enseñado la importancia del amor. Esto no ha sido discutido en este libro, debido a que el Amor espiritual no puede ser aprendido, solo puede ser experimentado. El Amor espiritual no puede ser enseñado, pero a través de *RP&RA* automáticamente liberarás la desarmonía y negatividad, que está impidiéndote experimentar naturalmente el Amor en cada momento. El Amor es un producto natural y colateral de vivir en armonía.

Libros

Para futura introducción a la espiritualidad, intenta leer *Autobiografía de un Yogui* de Paramahansa Yogananda, *Out on a Limb* de Shirley Mclane y *Un curso de Milagros*. Todos estos libros son útiles para incrementar tu entendimiento de la espiritualidad, y describen experiencias personales interesantes. Pero son *completamente innecesarios* porque este libro ya contiene *toda* la información práctica que necesitas conocer. Este libro es el resultado de años de investigación, combinando la sabiduría y experiencia de santos y sacros de cada tradición. Puedes que te interese incrementar tu comprensión intelectual, pero, en última instancia, es *solo* poniendo en práctica *RP&RA* que podrás lograr tu propósito espiritual. En este pequeño libro, la completa y entera masa de información espiritual relativa a *RP&RA* ha sido condensada para tu conveniencia.

No tengas duda de que es posible vivir de acuerdo a los estándares de *RP&RA*. Todo lo que requiere es paciencia y perseverancia.

Invitamos cualquier comentario que pudieras tener sobre cualquier cosa en este libro, o si tienes cualquier pregunta relativa a *cualquier* aspecto de la espiritualidad y la vida, siéntete libre de contactarnos. Las donaciones son grandemente apreciadas y van dirigidas a diversas actividades de caridad.

PO Box 1819
Byron bay, NSW.
Australia. 2481.

La información en este libro se refiere con la sanación y no con la medicina. Esta información no constituye consejo médico.

Puede copiar y distribuir este libro, así como su acompañante, a sus estudiantes si lo desea.

Apéndice

<u>Posibles problemas profundos causando enfermedades</u>

Accidentes – Expresión de frustración, ira, rebelión, mensaje de "despertar", incrementar la alerta.

Anorexia/Bulimia – Odio hacia uno mismo, negación del soporte del mundo.

Artritis – Critica constante propia o de otros, perfeccionismo, puntos de vista inflexibles.

Asma – Sentimiento de inferioridad o culpa, inhabilidad para dar y recibir totalmente en la vida.

Brazos – Inhabilidad de abrazar, articulaciones conteniendo viejas emociones.

Cáncer – Resentimiento profundo, desconfianza, depresión, desesperanza, autocompasión.

Constipación – Inhabilidad para dejar ir, temor de perder algo.

Cabeza – Falta de confianza, patrones negativos de pensamiento, sistema de creencias negativo, problemas con la propia imagen.

Cefaleas – Ignorar el propio yo y sus necesidades.

Cuello – Inflexibilidad, expresión, creatividad, miedo, ignorar situaciones, responsabilidad, sentirse afligido.

Corazón – Problemas amorosos (con uno mismo, con otros, la vida, etc.), afección, perdón, compasión, miedo, ira, estrés.

Diarrea – Miedo de tener.

Diabetes –Inhabilidad para absorber o balancear la dulzura de la vida, manteniéndose en un pasado amargo.

Dolor – Sentimiento de culpa que busca castigo.

Espalda – No sentirse respaldado, culpa, preocupación, auto estima.

Engreimiento – Inflexibilidad, miedo, resistencia al cambio.

Estomago – Inhabilidad para digerir ideas y experiencias, ansiedad, miedo, exceso de crítica, decisiones no discernidas.

Fumar en exceso – Negación de la fuerza vital, frustración, evasión, inferioridad, estrés.

Genitales – Problemas sexuales, negación de la sexualidad, auto disgusto, decepción, miedo, culpa, inhibición, sobre enfoque, mal uso, afectación, egoísmo.

Golpes – Pensamientos negativos, detener el disfrute, ser forzado a cambiar de dirección.

Garganta – Miedo al cambio, inhabilidad para hablar, ira, creatividad frustrada.

Hinchazones – Pensamientos estancados, sentirse atrapado, emociones embotelladas.

Manos – Responsabilidad, dar y recibir, inseguridad, abrumado.

Migrañas – Perfeccionismo, frustración, ira.

Orejas – No querer aceptar lo que se escucha, evasión.

Ojos – No querer aceptar lo que se ve, evasión.

Pies – Problemas para avanzar, estabilidad, balance, inflexibilidad, entendimiento de la propia motivación.

Piernas – Miedo o reluctancia a avanzar, falta de motivación, fortaleza, confidencia, sentirse sin soporte.

Pulmones – Relativo a asuntos del corazón, inhabilidad para dar y recibir totalmente en la vida.

Piel – Auto imagen, no abandonar, individualidad, auto nutrición.

Quemaduras, calores, fiebres, llagas – Ira, frustración.

Rodilla – Inflexibilidad, ego, soberbia, miedo al cambio, obstinación, auto rigurosidad.

Sobrepeso – Inseguridad, necesidad de protección, exceso emocional.

Sangre – Vacío de disfrute y entusiasmo por la vida, pensamientos negativos.

Senos – Asuntos materiales, nutrición, amor, imagen propia.

Sinus – Irritado por algo o alguien.

Tumores – Falso crecimiento, atormentado por viejas heridas, no acepta resoluciones ni sanación.

Ulceras – Miedo, estrés, falta de autovaloración.

Varices – No disfrutar la propia posición en la vida.

Esta lista contiene <u>posibilidades</u> comunes de asuntos profundos los cuales estarían causando problemas físicos.

Esta lista no está completa, todos nosotros somos únicos y nuestros problemas se manifiestan diferentemente.

Próximamente...

El amor que vino de la quinta dimensión.
Pininos del estado del sueño.
Aproximación a la concentración.
El Shiatsu que yo aprendí.
El toque criollo.
Conversaciones con los seres vegetales.
Historia escrita.
Los 40 jinetes de la sanación.

Contacto

Correo:

domingo.alberto.montes@gmail.com

Facebook:

https://www.facebook.com/profile.php?id=1081942890

Twitter:

http://twitter.com/EigyoMontes

Instagram:

https://www.instagram.com/eigyo.montes/

Books2Read:

https://books2read.com/b/b5RgX6

Don't miss out!

Visit the website below and you can sign up to receive emails whenever Domingo A. Montes G. publishes a new book. There's no charge and no obligation.

https://books2read.com/r/B-A-AXBOB-BFELD

BOOKS 2 READ

Connecting independent readers to independent writers.

Did you love *El sentido De La Vida - En castellano*? Then you should read *Bendiciones Para Todos*[1] by Domingo A. Montes G.!

[2]

No puede haber nombre más acertado para este sistema y actividad, pues no trata de otra cosa que de **bendiciones**, y estas son **para todos**, sin excepción alguna, criaturas y creaciones. Entrar en contacto con este material es a su vez una bendición, estamos inmersos en más bendiciones de las que estaríamos dispuestos a admitir de entrada, mediante las prácticas aquí indicadas, tus ojos y demás sentidos se abrirán a dimensiones espirituales insospechadas.

---

1. https://books2read.com/u/3n9y2B

2. https://books2read.com/u/3n9y2B

Also by Domingo A. Montes G.

Clásicos del Reiki Japonés
Usui Reiki Hikkei, Guía de Reiki de Usui Sensei

Miyamoto Musashi, Obras
Go Rin no Sho - El Libro de los Cinco Anillos

SHInTao Seichem Reiki - El estilo del Dragón de Fuego
SHInTao Seichem Reiki Shoden - Guia del Nivel Uno. El Sendero del Dragón de Fuego.

Standalone
El Amado Arcángel Cassiel, Señor del rayo Oro/Violeta
El Néctar de las Divinas Enseñanzas
Sanación Espiritual con Péndulo Consagrado "Nuestro Método", la forma de péndulo más evolucionada
El sentido De La Vida - En castellano

El Abrazo Divino, el Tetra Yoga de Jesús el Cristo
Siete Capas
101 Preguntas, mitos y errores En la sanación espiritual
Bendiciones Para Todos
Makiwara no Sho
Cronotopía
El OjO Silente
La orquídea tóxica

9 798231 067039